두뇌력 마스터 시리즈 ❶

포켓몬스터
가로 세로 낱말 퍼즐

이 책의 구성

하나 낱말 퍼즐

초급, 중급, 고급 3단계로 구성된
낱말 퍼즐을 풀며
어휘력을 길러 보세요!

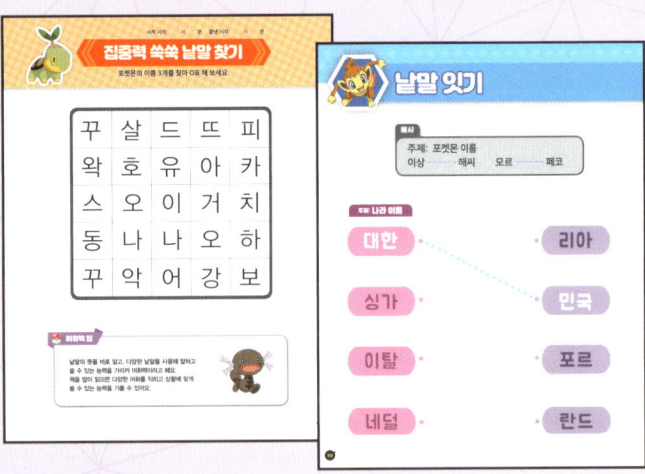

둘 낱말 찾기, 낱말 잇기

낱말 찾기, 낱말 잇기
활동을 풀며 집중력과 사고력을
키워 보세요!

셋 놀이 퀴즈

각 챕터의 마지막에 수록된
놀이 퀴즈를 풀면서 재미 쑥쑥!
실력 쑥쑥!

이렇게 풀어 보세요.

초급, 중급, 고급 세 단계를 차근차근 거치며 실력을 키워 보세요.

시작 시각과 끝낸 시각을 적어 실력이 오르는 속도를 체크해 보세요.

방향과 번호에 해당하는 설명을 읽고 칸 수에 맞춰 알맞은 단어를 써 보세요.

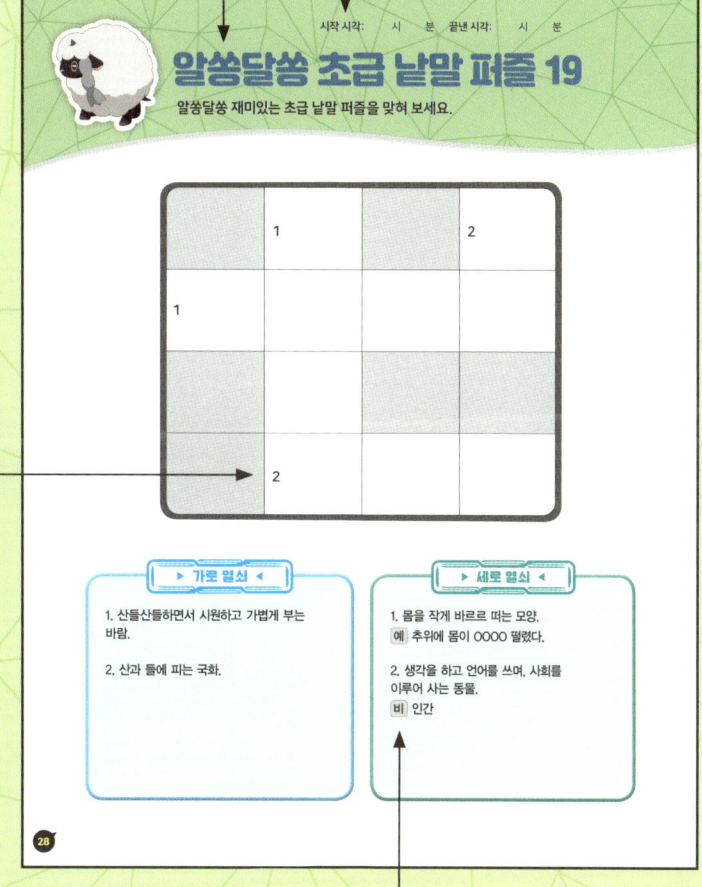

예 예를 들어 설명해요.
비 비슷한 말을 알려 줘요.
반 반대말을 알려 줘요.

Tip 모르는 문제보다 아는 문제를 먼저 풀면 시간을 절약할 수 있어요.

- 알쏭달쏭 초급 낱말 퍼즐 …… 5

- 실력 쑥쑥 중급 낱말 퍼즐 …… 33

- 두뇌 똑똑 고급 낱말 퍼즐 …… 85

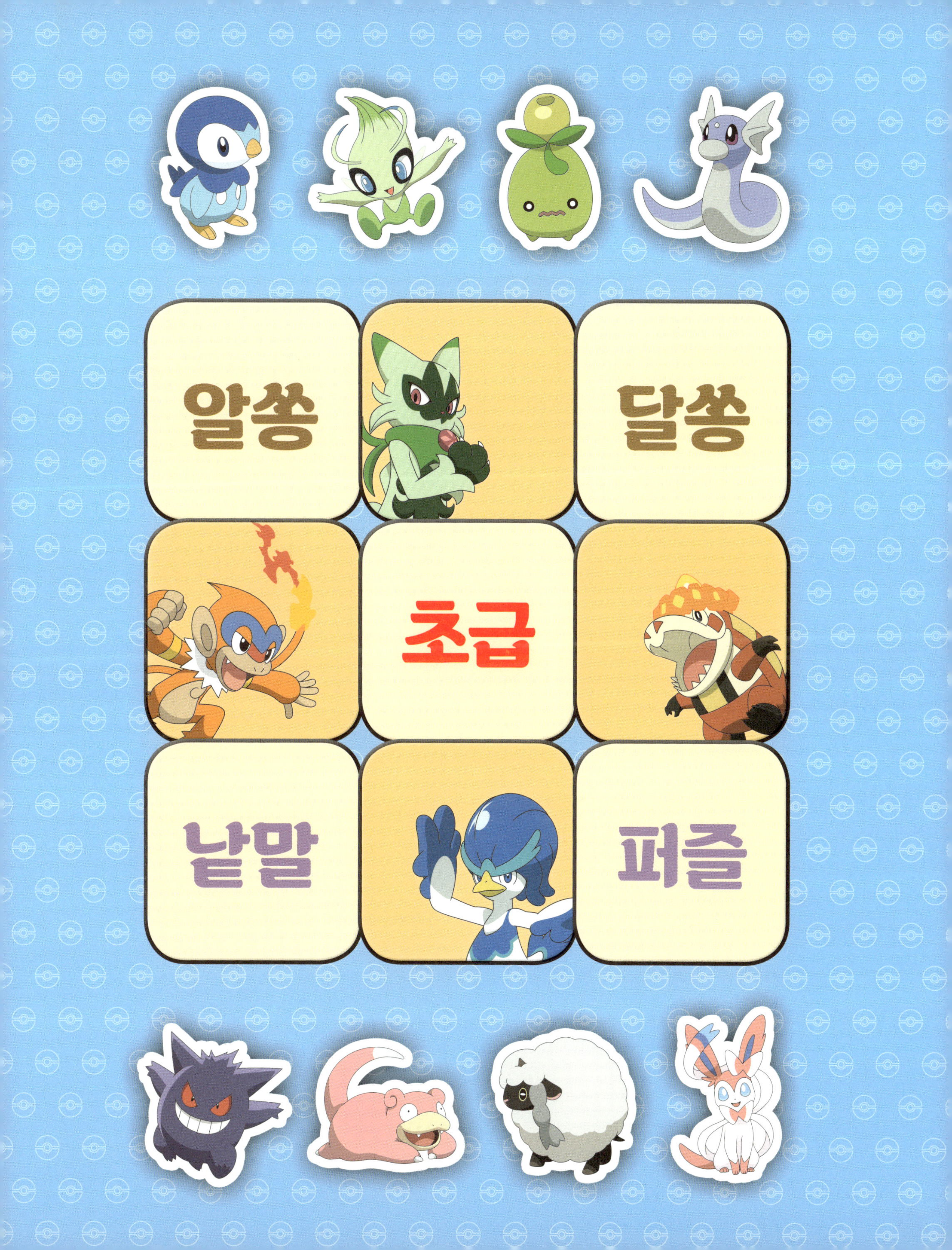

알쏭		달쏭
	초급	
낱말		퍼즐

알쏭달쏭 초급 낱말 퍼즐 1

시작 시각: 시   분   끝낸 시각: 시   분

알쏭달쏭 재미있는 초급 낱말 퍼즐을 맞혀 보세요.

▶ 가로 열쇠 ◀

1. 모음을 나타내는 글자.
   예 ㅏ, ㅑ, ㅓ, ㅕ

2. 음식이 썩지 않도록 차갑게 보관하는 전자 제품.

▶ 세로 열쇠 ◀

1. 몹시 아껴서 인색한 사람을 낮잡아 이르는 말.
   비 구두쇠

알쏭달쏭 초급 낱말 퍼즐 2

알쏭달쏭 재미있는 초급 낱말 퍼즐을 맞혀 보세요.

시작 시각: 시   분   끝낸 시각: 시   분

▶ 가로 열쇠 ◀

1. 메꽃과의 여러해살이풀로 뿌리는 먹을 것으로 쓴다. 껍질은 주로 붉은빛을 띤다.

2. 종이나 머리털을 자르는 도구.
두 개의 쇠를 X자로 두어 지렛대 원리로 물건을 자른다.

3. 앞으로 할 일에 단단히 마음을 먹거나 확인하는 것.

▶ 세로 열쇠 ◀

1. 마음의 자세.
   예 ○○○○을 올바르게 가져야 한다.

알쏭달쏭 초급 낱말 퍼즐 3

시작 시각: 시   분 끝낸 시각: 시   분

알쏭달쏭 재미있는 초급 낱말 퍼즐을 맞혀 보세요.

▶ 가로 열쇠 ◀

1. 아버지의 어머니를 내가 부르는 말.
또는 나이가 아주 많은 여자를 부르는 호칭.

2. 많은 사람이 함께 타는 대형 자동차.
보통은 일정 요금을 받고 정해진 길을 따라 운전하여 다닌다.

3. 전기로 빛을 내는 등.

▶ 세로 열쇠 ◀

1. 아버지의 아버지를 내가 부르는 말.
또는 나이가 아주 많은 남자를 부르는 호칭.

2. 도로에 설치하여 빨간색, 노란색, 초록색의 불빛이 꺼졌다 켜졌다 하는 것으로 차량이나 사람에게 교통 신호를 알려 주는 장치.

시작 시각:　　시　　분　끝낸 시각:　　시　　분

집중력 쑥쑥 낱말 찾기

포켓몬의 이름 3개를 찾아 O표 해 보세요.

꾸	살	드	뜨	피
왁	호	유	아	카
스	오	이	거	치
동	나	나	오	하
꾸	악	어	강	보

🔴 어휘력 팁

낱말의 뜻을 바로 알고, 다양한 낱말을 사용해 말하고 쓸 수 있는 능력을 가리켜 어휘력이라고 해요.
책을 많이 읽으면 다양한 어휘를 익히고 상황에 맞게 쓸 수 있는 능력을 기를 수 있어요.

시작 시각: 시   분   끝낸 시각: 시   분

알쏭달쏭 초급 낱말 퍼즐 4

알쏭달쏭 재미있는 초급 낱말 퍼즐을 맞혀 보세요.

▶ 가로 열쇠 ◀

1. 만화나 뉴스 등 영상 프로그램을 볼 수 있는 전자 제품.

2. 몸길이 1센티미터 정도의 곤충으로 한 쌍의 날개가 있고 몸은 검은색 또는 청록색이다. 병균을 옮기고 다니며 여러 질병을 일으킨다.

3. 메뚜기, 잠자리, 개미 등을 통틀어 이르는 말.

▶ 세로 열쇠 ◀

1. 생각이나 말, 행동 등이 멀리 떨어져 있는 사람에게 전해지는 초자연적인 현상.

2. 절지동물에 속하는 동물로 꼬리 끝에 독침이 있다.

알쏭달쏭 초급 낱말 퍼즐 5

시작 시각: 시   분   끝낸 시각: 시   분

알쏭달쏭 재미있는 초급 낱말 퍼즐을 맞혀 보세요.

▶ 가로 열쇠 ◀

1. 어떤 일에 대해 줄거리를 가지고 하는 말이나 글.

2. 바늘이 달린 긴 통에 약을 넣어 몸에 주사하는 기구.

▶ 세로 열쇠 ◀

1. 서로 이웃에 살면서 정이 들어 사촌처럼 가까운 이웃.

2. 사람이나 화물을 싣고 다니는 철도 차량.
비 전철

알쏭달쏭 초급 낱말 퍼즐 6

시작 시각: 시   분 끝낸 시각: 시   분

알쏭달쏭 재미있는 초급 낱말 퍼즐을 맞혀 보세요.

▶ 가로 열쇠 ◀

1. 물고기가 균형을 잡거나 헤엄치는 데 쓰는 몸의 일부분.

2. 검은색과 흰색 건반에 연결된 줄이 금속을 쳐서 소리 내는 악기.

▶ 세로 열쇠 ◀

1. 지구의 겉모습을 작게 줄여서 종이나 평평한 곳에 나타낸 그림.

2. 유럽 동쪽에서 시베리아에 걸쳐 있는 나라. 전 세계에서 땅이 가장 넓다. 겨울이 무척 춥고 길며, 여름은 서늘하고 짧다.

알쏭달쏭 초급 낱말 퍼즐 7

시작 시각: 시   분   끝낸 시각: 시   분

알쏭달쏭 재미있는 초급 낱말 퍼즐을 맞혀 보세요.

▶ 가로 열쇠 ◀

1. 남자가 바로 위에 여자 형제를 부르는 말.

2. 나무줄기나 가지를 가로로 잘랐을 때 나타나는 둥근 테. 이것으로 나무의 나이를 알 수 있다.

▶ 세로 열쇠 ◀

1. 열대 지방에서 나는 과일로 높이 3~10미터쯤 되는 나무에서 열린다. 처음에는 초록색을 띠다가 익을수록 점점 노란색으로 변한다.

2. 안경알을 끼우는 테두리.

시작 시각: 시   분   끝낸 시각: 시   분

알쏭달쏭 초급 낱말 퍼즐 8

알쏭달쏭 재미있는 초급 낱말 퍼즐을 맞혀 보세요.

▶ 가로 열쇠 ◀

1. 동글동글한 열매가 여러 개 뭉쳐서 나는 과일. 주로 자줏빛, 검은빛을 띠지만 푸른빛을 띠기도 한다.

2. 물건이나 사람이 빛을 가려서 그것의 뒷면에 검게 드리워지는 그늘.

깜짝! 포켓몬 팁
팬텀은 먹잇감의 ooo에 숨어들 수 있는 능력이 있어요!

▶ 세로 열쇠 ◀

1. 소시지에 튀김옷을 입혀 기름에 튀기거나 긴 소시지를 빵 사이에 끼워 먹는 음식.

2. 민물에서 사는 거북목의 동물. 생김새나 크기가 거북과 비슷하지만 단단한 등딱지를 가진 거북과 달리 등딱지의 가운데만 단단하고 나머지는 부드러운 피부로 덮여 있다.

시작 시각:　　시　　분　끝낸 시각:　　시　　분

집중력 쑥쑥 낱말 찾기

동물의 이름 5개를 찾아 O표 해 보세요.

강	아	지	히	병
가	코	기	솜	아
도	끼	나	오	리
아	리	거	하	멀
늘	본	북	염	소

 어휘력 팁

동물의 새끼는 부르는 말이 따로 있어요.
주로 뒤에 '-아지'를 붙여 불러요.
개가 낳은 새끼는 강아지, 말의 새끼는 망아지,
소의 새끼는 송아지라고 해요. 그 밖에 꿩의 새끼는 꺼병이,
닭의 새끼는 병아리라고 하지요.

알쏭달쏭 초급 낱말 퍼즐 9

시작 시각: 시   분   끝낸 시각: 시   분

알쏭달쏭 재미있는 초급 낱말 퍼즐을 맞혀 보세요.

▶ 가로 열쇠 ◀

1. 지구, 금성, 화성과 같은 행성을 비롯하여 은하, 항성, 위성 등을 모두 포함하고 있는 공간.

2. 복습이나 예습을 위해 선생님이 학생들에게 내 주는 문제.

3. 너구리와 비슷하게 생긴 동물. 등은 갈색, 털 끝은 약간 회색빛이 도는 흰색이며, 얼굴이 원뿔처럼 길다.

▶ 세로 열쇠 ◀

1. 소의 젖. 치즈나 아이스크림을 만들 때도 쓰인다.

2. 원래 있던 자리.
   예 다 쓴 물건은 ○○○에 두어요.

시작 시각: 시 분 끝낸 시각: 시 분

알쏭달쏭 초급 낱말 퍼즐 10

알쏭달쏭 재미있는 초급 낱말 퍼즐을 맞혀 보세요.

▶ 가로 열쇠 ◀

1. 어떤 것을 헤아리고 곰곰이 판단하는 것.

2. 일할 때 쓰는 물건을 통틀어 이르는 말. 청소를 하거나 공부할 때, 물건을 만들 때도 이것이 필요하다.

3. 조선 시대 세종 대왕 때 만들어진 비의 양을 측정하는 도구.

▶ 세로 열쇠 ◀

1. 각도를 재는 도구. 투명한 플라스틱판에 눈금으로 각도를 표시하였다.

2. 비 올 때 쓰는 도구.

알쏭달쏭 초급 낱말 퍼즐 11

시작 시각: 시   분 끝낸 시각: 시   분

알쏭달쏭 재미있는 초급 낱말 퍼즐을 맞혀 보세요.

▶ 가로 열쇠 ◀

1. 잘 때 덮고 자는 천.

2. 아버지 위로 대대의 어른이나 자기 세대 이전의 모든 세대.

3. 새롭고 신기한 것을 궁금해하거나 알고 싶어 하는 마음.

▶ 세로 열쇠 ◀

1. 불이 나지 않도록 주의를 기울이고 조심하는 것.

2. 목이 긴 동물. 키는 6미터쯤 되며, 누런 흰색 바탕에 갈색 얼룩점이 있다. 목이 길어서 높은 나무에 달린 잎을 따 먹는다.

알쏭달쏭 초급 낱말 퍼즐 12

시작 시각: 시   분 끝낸 시각: 시   분

알쏭달쏭 재미있는 초급 낱말 퍼즐을 맞혀 보세요.

▶ 가로 열쇠 ◀

1. 앉아서 미끄러져 내려오도록 만든 놀이 기구.

2. 유치원이나 학교 등 건물 안에서 신는 신발.

▶ 세로 열쇠 ◀

1. 머리카락을 자르거나 파마를 하는 등 여러 가지 미용 기술로 외모나 머리를 단정하고 아름답게 꾸며 주는 곳.

2. 꽃을 심기 위해 흙을 한층 높게 올려 다져 둔 꽃밭.

알쏭달쏭 초급 낱말 퍼즐 13

시작 시각: 시   분   끝낸 시각: 시   분

알쏭달쏭 재미있는 초급 낱말 퍼즐을 맞혀 보세요.

1	1		2
	2		

▶ 가로 열쇠 ◀

1. 손톱을 깎는 기구.

2. 묽은 콘크리트를 커다란 통에 실어 굳지 않게 섞으면서 운반하는 트럭.

▶ 세로 열쇠 ◀

1. 톱 가장자리에 있는 뾰족한 이.

2. 휴대 전화나 컴퓨터에서 감정이나 느낌을 전달하도록 만든 간단한 그림 문자.
   예 친구에게 생일 축하한다고 케이크 모양의 ○○○○을 보냈어요.

시작 시각:　　시　　분　　끝낸 시각:　　시　　분

집중력 쑥쑥 낱말 찾기

포켓몬 타입 5개를 찾아 O표 해 보세요.

가	위	고	바	위
기	소	스	코	랑
부	자	트	바	브
전	단	성	노	말
기	비	행	야	차

🔴 포켓몬 팁

포켓몬의 타입은 노말, 불꽃, 물, 풀, 전기, 얼음, 격투, 독, 땅, 비행, 에스퍼, 벌레, 바위, 고스트, 드래곤, 악, 강철, 페어리 이렇게 총 18개가 있어요.
나오하처럼 타입이 1개인 포켓몬도 있고, 팬텀처럼 2개인 포켓몬도 있답니다.

시작 시각:　　시　　분　끝낸 시각:　　시　　분

알쏭달쏭 초급 낱말 퍼즐 14

알쏭달쏭 재미있는 초급 낱말 퍼즐을 맞혀 보세요.

▶ 가로 열쇠 ◀

1. 곤충을 비롯하여 기생충과 같은 동물을 통틀어 이르는 말.

2. 차가 오른쪽으로 도는 것.

▶ 세로 열쇠 ◀

1. 책을 너무 많이 읽거나 공부하는 데 지나치게 집중하는 사람을 놀리는 것처럼 이르는 말.

2. 우리나라 낱말을 순서대로 모아 풀이한 책.
예 단어의 뜻을 모르면 ○○○○에서 찾아봐야 해요.

알쏭달쏭 초급 낱말 퍼즐 15

시작 시각: 시   분 끝낸 시각: 시   분

알쏭달쏭 재미있는 초급 낱말 퍼즐을 맞혀 보세요.

▶ 가로 열쇠 ◀

1. 적은 양의 물이 야단스럽게 끓는 소리나 모양.

2. 1년에 걸친 날짜를 순서대로 표시해 둔 것.

▶ 세로 열쇠 ◀

1. 음력 보름날 밤에 뜨는 둥그런 달.

2. 자리나 물건 같은 것을 다른 사람에게 먼저 주는 것.

3. 말을 적는 부호.
    비 글씨

알쏭달쏭 초급 낱말 퍼즐 16

시작 시각: 시   분   끝낸 시각: 시   분

알쏭달쏭 재미있는 초급 낱말 퍼즐을 맞혀 보세요.

▶ 가로 열쇠 ◀

1. 열대 지방에서 자라는 과일로 커다란 솔방울 같은 모양을 하고 있다. 새콤달콤한 맛이 나며 주로 통조림을 만든다.

2. 놀이 기구를 갖추어 구경하고 놀 수 있게 만든 곳.

▶ 세로 열쇠 ◀

1. 남을 흉보거나 비웃는 짓.

2. 가까이 두고 귀여워하며 기르는 동물. 대표적으로 개나 고양이, 새 등이 있다. 요즘은 반려동물이라고 한다.

알쏭달쏭 초급 낱말 퍼즐 17

시작 시각: 시   분   끝낸 시각: 시   분

알쏭달쏭 재미있는 초급 낱말 퍼즐을 맞혀 보세요.

▶ 가로 열쇠 ◀

1. 놀라거나 기대하는 마음에 가슴이 뛰는 소리나 모양.
   비 콩닥콩닥.

2. 말을 기르는 곳.

▶ 세로 열쇠 ◀

1. 가로로 길게 이어 돌돌 둥글게 만 종이. 또는 길게 둘둘 만 물건.

2. 해결되지 않은 일 때문에 속을 태우거나 우울해 하는 것.
   비 걱정

3. 식사 사이에 간단히 먹는 음식.

알쏭달쏭 초급 낱말 퍼즐 18

알쏭달쏭 재미있는 초급 낱말 퍼즐을 맞혀 보세요.

▶ 가로 열쇠 ◀

1. 같은 뜻을 가지고 모여서 한패를 이룬 무리.

2. 불에 구워 익힌 고구마로, 겨울에 주로 먹는다.

▶ 세로 열쇠 ◀

1. 겨울 장군이라는 뜻으로, 몹시 추운 겨울을 비유한 말.

2. 바다에 사는 포유동물로 지구에서 가장 큰 동물이기도 하다.

3. 아주 크고 우묵한 솥. 냄비가 없던 옛날에 주로 썼다.

시작 시각:　　　시　　　분　　　끝낸 시각:　　　시　　　분

집중력 쑥쑥 낱말 찾기

꽃 이름 5개를 찾아 O표 해 보세요.

해	하	마	빈	생
바	코	무	궁	화
라	스	자	장	분
기	모	바	미	모
차	스	나	팔	꽃

 어휘력 팁

꽃은 사계절 내내 볼 수 있어요. 주로 봄에 많이 피지만, 가을에 볼 수 있는 해바라기, 코스모스 같은 꽃도 있지요. 또 나팔꽃은 오전에만 꽃이 피었다가 오후가 되면 꽃잎을 오므리며 져요. 나라마다 나라를 상징하는 꽃도 있어요. 우리나라를 상징하는 꽃은 무궁화랍니다.

시작 시각:　　시　　분　끝낸 시각:　　시　　분

알쏭달쏭 초급 낱말 퍼즐 19

알쏭달쏭 재미있는 초급 낱말 퍼즐을 맞혀 보세요.

▶ 가로 열쇠 ◀

1. 산들산들하면서 시원하고 가볍게 부는 바람.

2. 산과 들에 피는 국화.

▶ 세로 열쇠 ◀

1. 몸을 작게 바르르 떠는 모양.
[예] 추위에 몸이 ○○○○ 떨렸다.

2. 생각을 하고 언어를 쓰며, 사회를 이루어 사는 동물.
[비] 인간

알쏭달쏭 초급 낱말 퍼즐 20

시작 시각: 시   분   끝낸 시각: 시   분

알쏭달쏭 재미있는 초급 낱말 퍼즐을 맞혀 보세요.

		2	
1	1		
	2		

▶ 가로 열쇠 ◀

1. 잘 말라서 물기가 없이 보드라운 모양.

2. 연필로 쓴 것을 지울 때 쓰는 것.

▶ 세로 열쇠 ◀

1. 태어난 지 얼마 안 된 소.

2. 볼이나 입술에 입을 맞추는 것.
   예 자기 전에 엄마와 OO를 해요.

낱말 잇기

예시
주제: 포켓몬 이름
이상 ········· 해씨   모르 ········· 페코

주제: 나라 이름

대한 • ——— • 리아

싱가 • ——— • 민국

이탈 • • 포르

네덜 • • 란드

시작 시각: 시   분   끝낸 시각: 시   분

주제에 맞춰 뒤에 올 글자로 알맞은 것을 찾아 선으로 이어 보세요.

주제: 음식 이름

샌드 • • 김밥

삼각 • • 게티

된장 • • 위치

스파 • • 찌개

다른 포켓몬을 찾아라

스페셜 페이지

네모 박스 안에 타입이 다른 포켓몬이 하나씩 숨어 있어요.
혼자만 타입이 다른 포켓몬을 찾아보세요.

실력		쑥쑥
	중급	
낱말		퍼즐

시작 시각: 시   분 끝낸 시각: 시   분

실력 쑥쑥 중급 낱말 퍼즐 1

실력 쑥쑥 재미있는 중급 낱말 퍼즐을 맞혀 보세요.

▶ 가로 열쇠 ◀

1. 연고나 붕대를 피부에 붙이기 위해 만든 테이프.

2. 잠을 자면서 자기도 모르게 중얼거리는 소리.

3. 과학을 연구하는 사람.

▶ 세로 열쇠 ◀

1. 반을 대표해서 일을 맡는 사람.

2. 가을이 되면 쉽게 볼 수 있는 잠자리. 수컷은 몸이 붉으며, 메밀잠자리라고도 한다.

3. 우주와 천체(우주에 존재하는 모든 물체)의 현상을 관측하고 연구하는 시설.

시작 시각: 시 분 끝낸 시각: 시 분

실력 쑥쑥 중급 낱말 퍼즐 2

실력 쑥쑥 재미있는 중급 낱말 퍼즐을 맞혀 보세요.

▶ 가로 열쇠 ◀

1. 우유, 설탕 등을 넣어 크림 상태로 얼린 것.

2. 몹시 시끄러운 모양.
   예 교실에 가니 친구들이 ○○○○ 떠들고 있었다.

3. 뚝배기나 작은 냄비에 물과 양념을 넣고 고기나 채소 같은 건더기를 넣어 끓인 음식.

▶ 세로 열쇠 ◀

1. 이 사이에 낀 것을 쑤셔서 파내기 위해 만든 물건. 보통 나무 끝을 뾰쪽하게 하여 만든다.

2. 고기나 과일을 찍어 먹기 위해 만든 뾰족한 도구.

3. 여러 가지 물건을 사고파는 장소. 과거에는 마트 대신 이곳에서 물건을 샀다.

실력 쑥쑥 중급 낱말 퍼즐 3

실력 쑥쑥 재미있는 중급 낱말 퍼즐을 맞혀 보세요.

▶ 가로 열쇠 ◀

1. 사계절 내내 초록색 잎이 달린 나무. 잎이 바늘처럼 가늘고 길며 뾰족하다.

2. 말과 비슷하게 생긴 동물로 말보다 몸이 작고 귀가 길다. 힘이 세서 과거에는 짐을 운반하는 데 많이 쓰였다.

3. 먹으면 매우 신맛을 내는 과일. 달걀처럼 생겼는데 끝이 뾰족하다.

▶ 세로 열쇠 ◀

1. 다른 사람이 알아듣지 못하도록 가만가만 이야기하는 소리나 모양.

2. 수를 셀 때 가장 처음 수.

3. 둥근 몸통에 배는 평평하고 붉은 바탕에 검은 점무늬가 있는 곤충.

4. 몸통이 검은 새.

시작 시각: 시   분   끝낸 시각: 시   분

실력 쑥쑥 중급 낱말 퍼즐 4

실력 쑥쑥 재미있는 중급 낱말 퍼즐을 맞혀 보세요.

▶ 가로 열쇠 ◀

1. 환자를 빠르게 병원으로 실어 나르는 차.

2. 불을 끄거나 화재를 예방하는 일을 하는 사람.

3. 새로운 소식을 전하는 방송 프로그램.

4. 경찰이 타고 다니는 차.

▶ 세로 열쇠 ◀

1. 배가 안전하게 드나들도록 강이나 바다에 마련한 입구.

2. 화재를 진압할 수 있는 장비가 마련된 차.

3. 관광객이 타고 다니는 버스.

실력 쑥쑥 중급 낱말 퍼즐 5

실력 쑥쑥 재미있는 중급 낱말 퍼즐을 맞혀 보세요.

▶ 가로 열쇠 ◀

1. 습관이나 태도가 게으른 사람. 게으름뱅이라고도 한다.

2. 물건을 파는 것.

3. 날마다 겪은 일이나 생각, 느낌 등을 적는 것.

▶ 세로 열쇠 ◀

1. 여러 사람에게 알릴 내용을 내붙이는 판.

2. 각각의 날들. 비 날마다

3. 겁이 많은 사람을 낮잡아 이르는 말.

시작 시각:　　시　　분　　끝낸 시각:　　시　　분

집중력 쑥쑥 낱말 찾기

추석과 관련된 낱말 5개를 찾아 O표 해 보세요.

한	가	위	명	석	과
초	장	학	절	리	송
세	보	쥐	장	도	편
배	름	불	떡	국	련
채	달	만	두	기	술
화	전	강	강	술	래

 어휘력 팁

추석은 우리나라의 대표적인 명절로 음력 8월 15일이에요. 한가위라고도 부르지요. 추석엔 송편을 빚어 가족들과 함께 나누어 먹고 밤에는 보름달을 보며 소원을 빌어요.
또 여러 사람이 손을 잡고 원을 그리며 빙빙 돌면서 춤추고 노래하는 놀이인 강강술래를 하기도 해요.

실력 쑥쑥 중급 낱말 퍼즐 6

시작 시각: 시   분   끝낸 시각: 시   분

실력 쑥쑥 재미있는 중급 낱말 퍼즐을 맞혀 보세요.

▶ 가로 열쇠 ◀

1. 새로 돋아나는 싹.

2. 어떤 물건을 도구나 기계로 자꾸 자르거나 베는 소리 또는 모양.

3. 음식의 간이 보통보다 약하다.
   [예] 물을 많이 넣어서 국물이 ○○○.

▶ 세로 열쇠 ◀

1. 몹시 무섭거나 추워서 몸이 움츠러들거나 소름이 끼치는 모양.

2. 눈치가 빠르고 사근사근한 것.
   [예] 점원이 손님을 대하는 태도가 무척 ○○하다.

3. 남의 물건을 훔치는 사람.

실력 쑥쑥 중급 낱말 퍼즐 7

시작 시각: 시   분   끝낸 시각: 시   분

실력 쑥쑥 재미있는 중급 낱말 퍼즐을 맞혀 보세요.

▶ 가로 열쇠 ◀

1. 병균이나 먼지를 막기 위해 입과 코를 가리는 물건.

2. 남유럽에 위치하고 있는 나라로 수도는 마드리드이다. '에스파냐'라고도 불린다.

3. 나무로 말 모양처럼 깎아 만든 물건.

▶ 세로 열쇠 ◀

1. 말이 끄는 수레.

2. 예수가 태어난 날을 기념하는 날. 12월 25일이다.

3. 사람이나 동물 모양으로 만든 장난감.

시작 시각: 시   분   끝낸 시각: 시   분

실력 쑥쑥 중급 낱말 퍼즐 8

실력 쑥쑥 재미있는 중급 낱말 퍼즐을 맞혀 보세요.

▶ 가로 열쇠 ◀

1. 초보 단계에 있는 사람.

2. 일정 기간 동안 수업을 쉬는 것.

3. 학교에서 가장 으뜸인 직위에 있는 사람.

▶ 세로 열쇠 ◀

1. 어린이에게 기본 교육을 가르치기 위한 학교.

2. 햇빛을 가리거나 멋을 위해 머리에 쓰는 물건.

3. 운동을 하거나 놀이를 하기 위해 만든 넓은 마당. 주로 학교에 있다.

실력 쑥쑥 중급 낱말 퍼즐 9

실력 쑥쑥 재미있는 중급 낱말 퍼즐을 맞혀 보세요.

시작 시각: 시   분   끝낸 시각: 시   분

▶ 가로 열쇠 ◀

1. 중학교를 졸업한 사람이 고등 교육을 받기 위해 들어가는 학교.

2. 물체가 나아가거나 일이 진행되는 빠르기를 일컫는 말.

3. 높은 온도의 가스를 내뿜어 그 반동으로 앞으로 나아가는 비행 물체. 우주 개발이나 날씨를 관측하는 데 사용한다.

▶ 세로 열쇠 ◀

1. 차의 빠른 통행을 위해 만든 차 전용의 도로.

2. 생각이나 감정을 언어로 표현한 예술. 시, 소설, 수필 등이 있다.

3. 학교 교과 과정에 따라 교재로 사용하기 위해 만든 책.

실력 쑥쑥 중급 낱말 퍼즐 10

시작 시각: 시   분   끝낸 시각: 시   분

실력 쑥쑥 재미있는 중급 낱말 퍼즐을 맞혀 보세요.

▶ 가로 열쇠 ◀

1. 빗자루로 쓴 쓰레기를 받는 도구.

2. 벼락이나 번개가 칠 때 요란하게 울리는 소리.
   비 천둥

3. 일정 지역에서 오랜 기간에 걸쳐서 진행되는 기상의 변화.

▶ 세로 열쇠 ◀

1. 쓰레기를 담는 봉투.

2. 이랬다저랬다 잘 변하는 태도나 성질.

시작 시각:　　시　　분　끝낸 시각:　　시　　분

집중력 쑥쑥 낱말 찾기

환경과 관련된 낱말 4개를 찾아 O표 해 보세요.

자	연	보	호	형	제
전	주	반	하	사	로
친	구	분	모	장	웨
환	자	리	본	질	이
경	우	수	영	주	스
찰	산	거	위	드	트

 어휘력 팁

'제로웨이스트'라는 말을 들어 본 적 있나요?
물건을 담는 포장지나 자재를 태우지 않고
다시 사용해서 쓰레기를 만들지 않는 것을 말해요.
지구는 지금 쓰레기로 넘쳐 나고 있어요.
분리수거를 잘해서 자연을 보호하는 데 힘쓰기로 해요.

실력 쑥쑥 중급 낱말 퍼즐 11

시작 시각: 시   분   끝낸 시각: 시   분

실력 쑥쑥 재미있는 중급 낱말 퍼즐을 맞혀 보세요.

▶ 가로 열쇠 ◀

1. 여러 사람이 어지럽게 뒤섞여 뒤죽박죽이 되거나 그런 상태.

2. 아랫사람의 잘못을 꾸짖는 말.
   비 꾸중

3. 몸이나 정신이 성인이 되기 전 호르몬이 분비되며 2차 성징이 나타나는 시기.

▶ 세로 열쇠 ◀

1. 장난이 심한 아이나 사람.

2. 책을 만들어 세상에 내놓는 회사.

실력 쑥쑥 중급 낱말 퍼즐 12

실력 쑥쑥 재미있는 중급 낱말 퍼즐을 맞혀 보세요.

▶ 가로 열쇠 ◀

1. 불빛이 전혀 없는 밤하늘처럼 짙은 검은색.

2. 마른 나뭇가지나 마른 풀, 낙엽 등을 모아 놓고 피우는 불.

3. 초에 켠 불.

▶ 세로 열쇠 ◀

1. 가볍게 흔들려서 자꾸 움직이는 모양. 경솔하게 구는 사람한테 쓰기도 한다.

2. 마음에 들지 않은 상태.

3. 여러 가지 색깔로 만든 종이.

시작 시각: 시 분 끝낸 시각: 시 분

실력 쑥쑥 중급 낱말 퍼즐 13

실력 쑥쑥 재미있는 중급 낱말 퍼즐을 맞혀 보세요.

▶ 가로 열쇠 ◀

1. 아시아 동쪽에 있는 한반도에 위치한 나라. 수도는 서울이고 문자는 한글을 쓴다.

2. 주로 부부를 중심으로 피를 나누거나 입양 등으로 이루어진 집단.

3. 선거를 하거나 찬성, 반대를 결정할 때 투표 용지에 의사를 표시해 일정한 곳에 내는 일.

▶ 세로 열쇠 ◀

1. 지역이 넓고 인구가 많은 도시.

2. 남북으로 나뉘어진 대한민국의 휴전선 남쪽을 가리키는 말.

3. 다른 나라와 교류할 때 나라를 대표하는 사람.

실력 쑥쑥 중급 낱말 퍼즐 14

실력 쑥쑥 재미있는 중급 낱말 퍼즐을 맞혀 보세요.

시작 시각: 시   분   끝낸 시각: 시   분

▶ 가로 열쇠 ◀

1. 몸통이 마름모꼴로 넓적하고 꼬리가 긴 바닷물고기.

2. 아버지와 어머니를 함께 가리키는 말.

3. 세상에 태어남.

▶ 세로 열쇠 ◀

1. 동물의 몸을 감싸고 있는 껍질.

2. 남에게 본보기가 되는 학생.

3. 목적지를 향해 나아감.

시작 시각: 시   분 끝낸 시각: 시   분

실력 쑥쑥 중급 낱말 퍼즐 15

실력 쑥쑥 재미있는 중급 낱말 퍼즐을 맞혀 보세요.

▶ 가로 열쇠 ◀

1. 별안간 호들갑스럽게 뛸 듯이 놀라는 모양.

2. 반쪽만 보이는 달.

3. 젖먹이 아기가 손뼉을 치는 재롱.

▶ 세로 열쇠 ◀

1. 재물이 계속 나오는 보물단지.

2. 작은 빛이 나타났다가 사라지는 모양.
   비 번쩍번쩍

3. 어떤 일을 기념하거나 좋은 성과를 낸 사람을 칭찬하기 위해 주는 것으로 금·은·동 따위에 여러 모양을 새겨 넣어 만든 둥근 패.

시작 시각: 시 분 끝낸 시각: 시 분

집중력 쑥쑥 낱말 찾기

우주와 관련된 낱말 5개를 찾아 O표 해 보세요.

큰	대	서	양	지	구
형	토	권	도	방	리
사	성	사	우	주	선
해	가	집	리	본	장
왕	수	태	양	계	사
성	구	지	고	지	글

 어휘력 팁

우주에는 수많은 행성과 은하, 별들이 모여 있어요.
지구는 태양을 중심으로 태양의 둘레를 돌고 있는데 이처럼
태양을 중심으로 도는 천체들의 집합을 가리켜 태양계라고 해요.
태양계에는 수성, 금성, 지구, 화성, 목성, 토성, 천왕성, 해왕성
이렇게 총 8개의 행성이 있어요.

시작 시각:　　시　　분　끝낸 시각:　　시　　분

실력 쑥쑥 중급 낱말 퍼즐 16

▶ 가로 열쇠 ◀

1. 다섯 손가락 가운데 첫째 손가락으로 가장 짧고 굵다.

2. 발로 밟은 자리에 남은 모양.

3. 마주 대하여 이야기를 주고 받음.

▶ 세로 열쇠 ◀

1. 다섯 발가락 가운데 첫째 발가락으로 가장 크고 굵다.

2. 손가락이 없거나 오그라져서 펴지 못하는 손.

3. 물감을 물에 풀어서 그린 그림.

시작 시각: 　시　　분　끝낸 시각: 　시　　분

실력 쑥쑥 재미있는 중급 낱말 퍼즐을 맞혀 보세요.

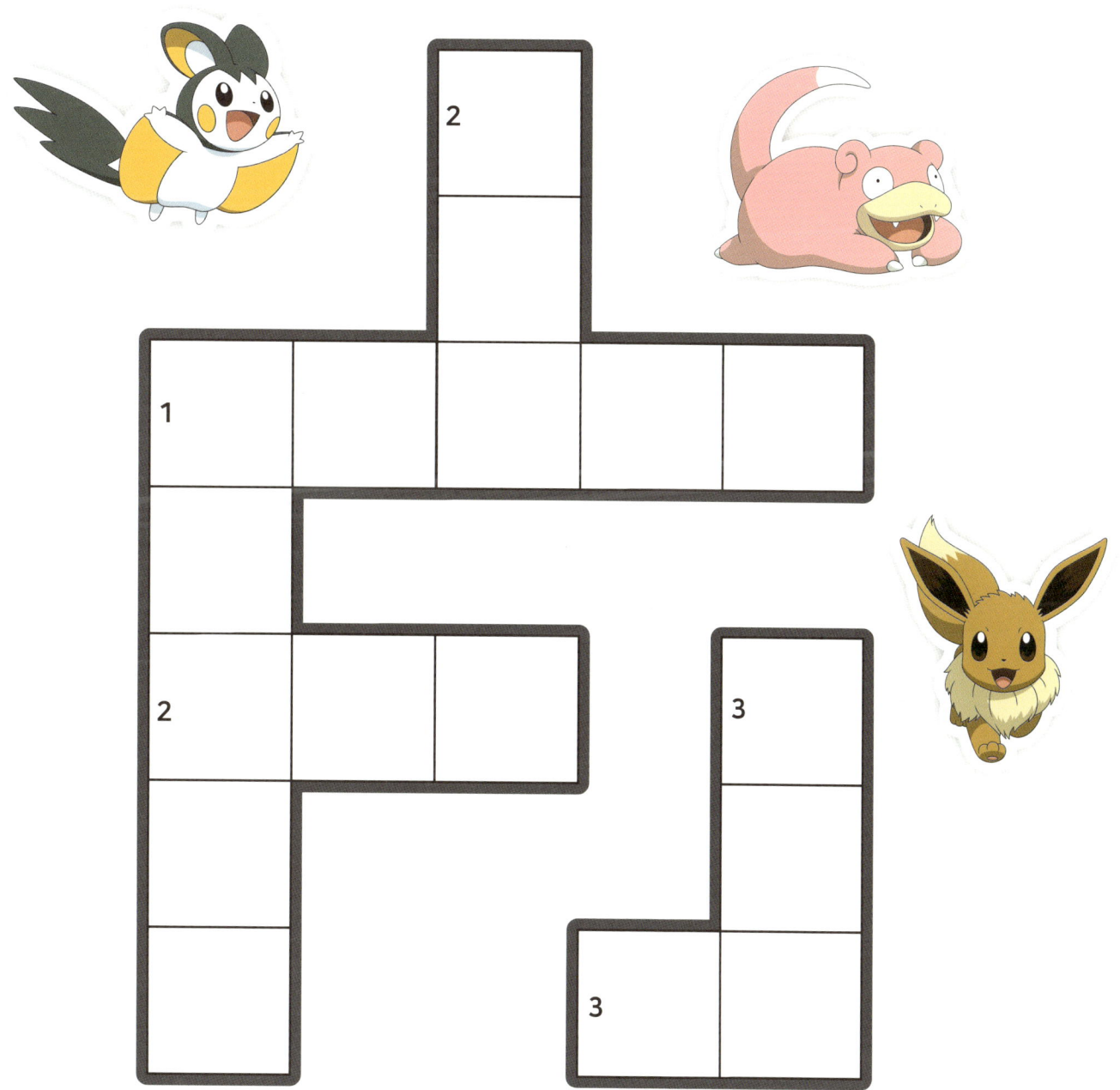

실력 쑥쑥 중급 낱말 퍼즐 17

실력 쑥쑥 재미있는 중급 낱말 퍼즐을 맞혀 보세요.

시작 시각: 시   분   끝낸 시각: 시   분

▶ 가로 열쇠 ◀

1. 아주 어둡다. '껌껌하다'보다 거센 느낌.

2. 지쳐서 무거운 발걸음으로 힘없이 걷는 소리나 모양. [비] 터벅터벅

3. 맡아서 해야 할 일을 중요하게 여기는 마음.

▶ 세로 열쇠 ◀

1. 휴식을 취하거나 건강을 위해 천천히 걷는 일.

2. 낮은 목소리로 불평을 하는 모양. [예] 엄마가 게임을 못 하게 해서 자꾸 ○○○○한다고 혼났다.

실력 쑥쑥 중급 낱말 퍼즐 18

시작 시각: 시   분 끝낸 시각: 시   분

실력 쑥쑥 재미있는 중급 낱말 퍼즐을 맞혀 보세요.

▶ 가로 열쇠 ◀

1. 축구 경기에 쓰는 공.

2. 무엇에 만족할 때 흐뭇한 마음이나 느낌. 반 슬픔

3. 네 사람이 꽹과리, 징, 장구, 북을 가지고 치는 놀이.

▶ 세로 열쇠 ◀

1. 남의 좋은 일을 기뻐하고 즐거워한다는 뜻으로 인사함.

2. 공기를 가지고 노는 놀이.

3. 설탕을 끓였다가 식혀서 여러 가지 모양으로 굳힌 것.

실력 쑥쑥 중급 낱말 퍼즐 19

실력 쑥쑥 재미있는 중급 낱말 퍼즐을 맞혀 보세요.

시작 시각:　시　분　끝낸 시각:　시　분

▶ 가로 열쇠 ◀

1. 밭이나 산이 있어 시골 느낌이 나는 곳에 지은 주택.

2. 어떤 모임에 참가해 줄 것을 청하거나, 사람을 불러 대접하는 것.

3. 여러 가구가 살 수 있도록 5층 이상 높이로 지은 건물.

▶ 세로 열쇠 ◀

1. 전선이나 통신선을 매기 위해 세운 기둥.

2. 사람들이 쉬거나 놀 수 있도록 만든 정원이나 사회 시설.

3. 사람이 살고 있는 곳을 나타낸 이름.
예 우리 집 ○○는 서울시 용산구예요.

시작 시각: 시   분 끝낸 시각: 시   분

집중력 쑥쑥 낱말 찾기

가전제품과 관련된 낱말 6개를 찾아 O표 해 보세요.

전	판	지	도	국	건
자	형	냉	매	화	조
레	게	장	세	탁	기
인	차	고	물	구	나
지	텔	레	비	전	저
문	퍼	파	건	오	븐

 어휘력 팁

집에서 사용하는 전기 기기 제품을 가리켜 가전제품이라고 해요. 대표적인 가전제품으로는 빨래를 해 주는 기계인 세탁기나 마이크로파를 이용해 음식을 덥혀 주는 조리 기구인 전자레인지, 음식이 상하지 않게 보관해 주는 장치인 냉장고 등이 있어요.

실력 쑥쑥 중급 낱말 퍼즐 20

시작 시각: 시   분   끝낸 시각: 시   분

실력 쑥쑥 재미있는 중급 낱말 퍼즐을 맞혀 보세요.

▶ 가로 열쇠 ◀

1. 심술이 많은 사람을 귀엽게 이르는 말.
   [비] 심술쟁이

2. 사람의 몸으로 활동할 수 있는 정신과 육체의 힘.
   [예] ○○을 잃은 것 같구나.

▶ 세로 열쇠 ◀

1. 형편에 맞지 않게 무엇을 탐내거나 누리려는 마음.

2. 한 사람이 술래가 되어 숨은 사람을 찾거나 도망 다니는 사람을 잡는 놀이.

3. 꾸리어 싼 물건.

실력 쑥쑥 중급 낱말 퍼즐 21

시작 시각: 시   분 끝낸 시각: 시   분

실력 쑥쑥 재미있는 중급 낱말 퍼즐을 맞혀 보세요.

▶ 가로 열쇠 ◀

1. 눈과 입을 슬며시 움직이며 소리 없이 환하게 웃는 모양. [비] 생글방글

2. 두 사람이 글러브를 끼고 링 위에서 상체를 쳐서 승부를 겨루는 경기.

3. 일을 들추어내어 문젯거리를 일으키는 말이나 행동.
[예] 용진이는 OO꾸러기이다.

▶ 세로 열쇠 ◀

1. 눈과 입을 슬며시 움직이며 소리 없이 가볍게 웃는 모양. [비] 생긋생긋

2. 들뜬 행동으로 조심성 없이 함부로 뛰어드는 모양.
[예] 동생은 OO대서 자주 넘어진다.

3. 눈에 눈물이 넘칠 듯이 그득하게 고이는 모양.

시작 시각: 시   분   끝낸 시각: 시   분

실력 쑥쑥 중급 낱말 퍼즐 22

실력 쑥쑥 재미있는 중급 낱말 퍼즐을 맞혀 보세요.

▶ 가로 열쇠 ◀

1. 연한 분홍색.

2. 사람이나 차가 다니는 길.
   비 인도

3. 입에서 입으로 전해 내려오는 동화.

▶ 세로 열쇠 ◀

1. 배우가 맡은 역할의 말이나 행동을 표현하는 것.
   예 그 배우는 ○○를 잘한다.

2. 조선 광해군 때 허균이 지은 우리나라 최초의 한글 소설.

3. 어린이의 마음을 바탕으로 어린이를 위해 지은 노래.

시작 시각: 시   분   끝낸 시각: 시   분

실력 쑥쑥 중급 낱말 퍼즐 23

실력 쑥쑥 재미있는 중급 낱말 퍼즐을 맞혀 보세요.

▶ 가로 열쇠 ◀

1. 찹쌀에 다섯 가지 곡식을 섞어 지은 밥.

2. 상을 받치는 다리.
[예] 할머니가 ㅇㅇㅇ가 휘어지도록 음식을 만들어 주셨다.

3. 볏과의 두해살이풀로, 차를 끓여 마시거나 맥주, 빵의 원료가 되기도 한다.

▶ 세로 열쇠 ◀

1. 쌀 외의 모든 곡식. 보리, 밀, 콩 등을 통틀어 이르는 말.

2. 차려 놓은 밥상의 한쪽 언저리.
[예] ㅇㅇㅇㅇ 예절이 중요해요.

3. 국을 끓이는 데 넣는 고기나 생선, 채소 등을 통틀어 이르는 말.

실력 쑥쑥 중급 낱말 퍼즐 24

시작 시각: 시   분   끝낸 시각: 시   분

▶ 가로 열쇠 ◀

1. 밭에 있는 돌을 고르거나 감자나 고구마 따위를 캘 때 쓰는 농기구.

2. 해가 지고 나서 다음 날 해가 뜰 때까지의 시각.

3. 강원도 북쪽에 있는 산. 기이한 바위가 많고, 곳곳에 폭포가 있어 경치가 매우 아름답다. 예 ○○○ 구경도 식후경이라.

4. 주로 봄날 햇빛이 강하게 쬘 때 공기가 아른거리는 현상.

▶ 세로 열쇠 ◀

1. 좋음과 좋지 않음.

2. 해가 진 뒤 어스레한 상태나 그런 때.
예 ○○○가 지다.

3. 태어난 지 얼마 안 된 강아지.
예 ○○○○○ 범 무서운 줄 모른다.

시작 시각: 시   분   끝낸 시각: 시   분

실력 쑥쑥 재미있는 중급 낱말 퍼즐을 맞혀 보세요.

실력 쑥쑥 중급 낱말 퍼즐 25

실력 쑥쑥 재미있는 중급 낱말 퍼즐을 맞혀 보세요.

시작 시각: 시   분   끝낸 시각: 시   분

▶ 가로 열쇠 ◀

1. 밥을 작은 그릇에 담아 가지고 다니는 것.

2. 실제로 있는 이야기.

3. 성적이 좋은 학생에게 학비를 주는 것.

4. 선생님이 수업을 준비하거나 여러 일을 맡아보는 곳.

▶ 세로 열쇠 ◀

1. 남을 돕는 일.

2. 대소변을 볼 수 있도록 만든 곳.

3. 우리나라 고유 악기로 열두 개의 명주 줄을 뜯어 소리 내는 악기.

시작 시각: 　시　 분　끝낸 시각: 　시　 분

집중력 쑥쑥 낱말 찾기

포켓몬 기술 3개를 찾아 O표 해 보세요.

테	일	겨	새	클	차
도	풀	벌	붙	찌	지
날	베	깨	레	강	빔
바	기	저	웃	기	철
폭	포	얼	음	숨	결
오	엉	드	위	막	르

🔴 포켓몬 팁

포켓몬들은 다양한 모습만큼이나 다양한 기술을 써요.
배틀을 통해서 기술을 연마하고 진화하기도 하죠.
포켓몬 중에는 환상의 포켓몬, 전설의 포켓몬이라 불리는
희귀한 포켓몬들도 있답니다.
포켓몬들에 대해 하나씩 알아가 보세요!

실력 쑥쑥 중급 낱말 퍼즐 26

시작 시각: 시   분   끝낸 시각: 시   분

실력 쑥쑥 재미있는 중급 낱말 퍼즐을 맞혀 보세요.

▶ 가로 열쇠 ◀

1. 사람이 도로를 건널 수 있도록 마련한 길. 보통 흰색 줄무늬로 표시해 둔다.

2. 작가가 상상으로 쓴 이야기 형식의 글.
[예] 저는 추리 OO을 좋아해요.

3. 읽는 사람이 어떤 내용에 대해 이해할 수 있도록 논리적으로 쓴 글.

▶ 세로 열쇠 ◀

1. 말을 조리 없이 이러쿵저러쿵 지껄이는 것.

2. 수집한 자료를 통해 도움이 될 수 있도록 정리한 지식.
[예] 기자는 정확한 OO를 전달해야 한다.

3. 말로 거들거나 깨우쳐 주는 도움이나 그런 말.

실력 쑥쑥 중급 낱말 퍼즐 27

시작 시각: 시   분 끝낸 시각: 시   분

실력 쑥쑥 재미있는 중급 낱말 퍼즐을 맞혀 보세요.

▶ 가로 열쇠 ◀

1. 매우 둥근 모양이나 모습.

2. 일정한 땅과 거기에 사는 사람들로 구성된 사회 집단. 비 국가

3. 공간이나 종이에 보여지도록 표현하는 예술. 그림이나 조각, 건축 따위가 있다.

▶ 세로 열쇠 ◀

1. 동그랗게 생긴 모양. 비 원

2. 서로 마음과 힘을 하나로 합치는 것.

3. 글을 짓는 일.

시작 시각: 시   분   끝낸 시각: 시   분

실력 쑥쑥 중급 낱말 퍼즐 28

실력 쑥쑥 재미있는 중급 낱말 퍼즐을 맞혀 보세요.

▶ 가로 열쇠 ◀

1. 어린이를 위한 날. 방정환 선생님이 만들었다.

2. 1950년 6월 25일 우리나라에서 일어난 전쟁.
[비] 한국 전쟁

▶ 세로 열쇠 ◀

1. 아버지와 어머니의 사랑을 기념하는 날. 5월 8일.

2. 한끝에서 다른 한끝까지의 거리.

3. 일정한 목적을 달성하기 위한 수단이나 방법

시작 시각: 시 분 끝낸 시각: 시 분

집중력 쑥쑥 낱말 찾기

국경일과 관련된 낱말 5개를 찾아 O표 해 보세요.

광	주	현	가	리	개
복	주	충	니	연	천
절	그	일	삼	일	절
학	한	식	당	유	일
한	글	날	풍	방	학
역	기	탈	제	헌	절

 어휘력 팁

나라의 경사를 기념하기 위해 국가에서 법으로 정한 날을 국경일이라고 해요. 우리나라의 국경일에는 삼일절, 제헌절, 광복절, 개천절, 한글날이 있어요. 현충일은 나라를 위해 목숨 바쳐 싸우다 돌아가신 분들을 추모하고 기리기 위해 지정된 국가 기념일로 국경일은 아니예요.

실력 쑥쑥 중급 낱말 퍼즐 29

실력 쑥쑥 재미있는 중급 낱말 퍼즐을 맞혀 보세요.

▶ 가로 열쇠 ◀

1. 종이를 여러 갈래로 자른 다음 모서리 끝을 한데 모아 바람이 돌면 빙빙 돌게 만드는 장난감.

2. 어떤 행동이나 의견, 제안 따위가 옳거나 좋다고 판단하여 인정하는 것.

3. 회사나 군대 등에서 어느 기간 동안 쉬는 일. [비] 방학

▶ 세로 열쇠 ◀

1. 바닷물이 땅과 닿은 곳.

2. 싸늘한 기운이나 느낌을 차가운 바람처럼 서늘하다고 비유하는 것.

3. 바람과 비를 아우르는 말.

시작 시각: 시 분 끝낸 시각: 시 분

실력 쑥쑥 중급 낱말 퍼즐 30

실력 쑥쑥 재미있는 중급 낱말 퍼즐을 맞혀 보세요.

▶ 가로 열쇠 ◀

1. 칫솔로 이를 닦는 일.

2. 겨울에 한창 추울 때 학교 수업을 쉬는 일.
   예 ○○○○이 되면 눈썰매를 타러 갈 거예요.

3. 얇고 둥근 쇠 안에 단단한 물건을 넣어 흔들면 소리가 나는 물건.

▶ 세로 열쇠 ◀

1. 소나무의 열매 송이.

2. 겨울이 되면 동물이 땅속 따위에서 겨울을 보내며 잠을 자는 것.

3. 방아로 곡식을 찧거나 빻는 곳.

실력 쑥쑥 중급 낱말 퍼즐 31

실력 쑥쑥 재미있는 중급 낱말 퍼즐을 맞혀 보세요.

시작 시각: 시   분   끝낸 시각: 시   분

▶ 가로 열쇠 ◀

1. 마음과 마음이 통한다는 뜻의 사자성어.

2. 몸이 아주 큰 사람.

3. 팔다리나 몸이 크게 떨리는 모양.
   [비] 부들부들

4. 치아나 입안 등에 난 병을 치료하는 곳.

▶ 세로 열쇠 ◀

1. 귀, 코, 목구멍 등에 난 병을 치료하는 곳.

2. 계속 뛰면서 피를 몸 전체로 보내는 몸속 기관.
   [예] ○○이 멈추다.

3. 냄새를 맡는 감각.
   [예] 개는 ○○이 발달했어요.

실력 쑥쑥 중급 낱말 퍼즐 32

실력 쑥쑥 재미있는 중급 낱말 퍼즐을 맞혀 보세요.

시작 시각: 시   분   끝낸 시각: 시   분

▶ 가로 열쇠 ◀

1. 씩씩하고 굳센 기운.
   예 ○○가 솟아나요.

2. 부르는 말에 응해 어떤 말을 하다.

3. 노력이나 기술을 들여 목적하는 사물을 이루다.
   예 블록으로 성을 ○○○.

▶ 세로 열쇠 ◀

1. 어떤 일이 원하는 대로 이루어지기를 바라는 것.

2. 숨이 막힐 듯이 갑갑하다.

3. 셋 이상의 선분으로 둘러싸인 평면 도형으로 선분의 수에 따라 삼각형, 사각형, 오각형 따위가 있다.

시작 시각: 시   분   끝낸 시각: 시   분

실력 쑥쑥 중급 낱말 퍼즐 33

실력 쑥쑥 재미있는 중급 낱말 퍼즐을 맞혀 보세요.

▶ 가로 열쇠 ◀

1. 신라의 이름난 장군. 백제를 멸망시키고, 삼국을 통일하는 데 기반을 다졌다.
예 말 목 자른 ○○○.

2. 조선 명종 때 의적.
예 의적 ○○○.

3. 우리 민족의 시조로 태초의 임금.
예 ○○ 할아버지.

▶ 세로 열쇠 ◀

1. 조선의 지도 〈대동여지도〉를 만든 조선 후기의 지리학자.

2. 조선 전기의 시인이자 화가. 율곡 이이의 어머니이다.

3. 조선 후기의 학자로 호는 다산이다. 거중기를 만들어 수원 화성을 쌓는 데 큰 도움을 주었다.

시작 시각:　　시　　분　　끝낸 시각:　　시　　분

집중력 쑥쑥 낱말 찾기

맞춤법이 올바른 낱말 4개를 찾아 O표 해 보세요.

데	헷	좌	장	설	설
햇	갈	리	다	겆	거
깍	리	다	데	이	지
둑	다	도	데	체	소
이	랑	도	대	체	찍
깍	두	기	따	롱	이

 어휘력 팁

맞춤법이란 우리말을 글자로 적을 때 지켜야 하는 규칙을 말해요.
한글은 글자의 모양과 소리가 달라 맞춤법이 헷갈릴 때가 많아요.
예를 들어 '국어'는 '구거'라고 읽지만 글자로 쓸 땐 '국어'라고 써야 해요.
책을 많이 읽고 모르는 낱말은 국어사전을 찾아보는 습관을 들이면
어려운 맞춤법도 바르게 쓸 수 있게 될 거예요.

실력 쑥쑥 중급 낱말 퍼즐 34

시작 시각: 시   분   끝낸 시각: 시   분

▶ 가로 열쇠 ◀

1. 프랑스 작가인 생텍쥐페리가 쓴 소설로, 비행기가 고장 나 사막에 불시착한 주인공이 B-612라는 소행성에 살다가 우주 여행을 온 소년을 만나며 벌어지는 이야기. '가장 중요한 것은 눈에 보이지 않아.'라는 유명한 대사가 나온다.

2. 안데르센이 쓴 동화. 혼자 살던 여인이 엄지손가락만큼 작은 딸을 얻었는데, 그 딸이 두꺼비에게 납치 당해 이곳저곳을 떠돌던 중 자신과 똑같은 키의 왕자를 만나 결혼해서 행복하게 산다는 이야기.

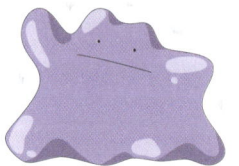

▶ 세로 열쇠 ◀

1. 미국의 소설가 마크 트웨인이 쓴 작품. 한날한시에 태어난, 얼굴이 서로 꼭 닮은 왕자와 거지가 신분이 바뀌어 겪게 되는 여러 가지 사건을 다룬 이야기.

2. 연극, 영화, 소설 등에서 중심이 되는 인물.

시작 시각: 시   분   끝낸 시각: 시   분

실력 쑥쑥 재미있는 중급 낱말 퍼즐을 맞혀 보세요.

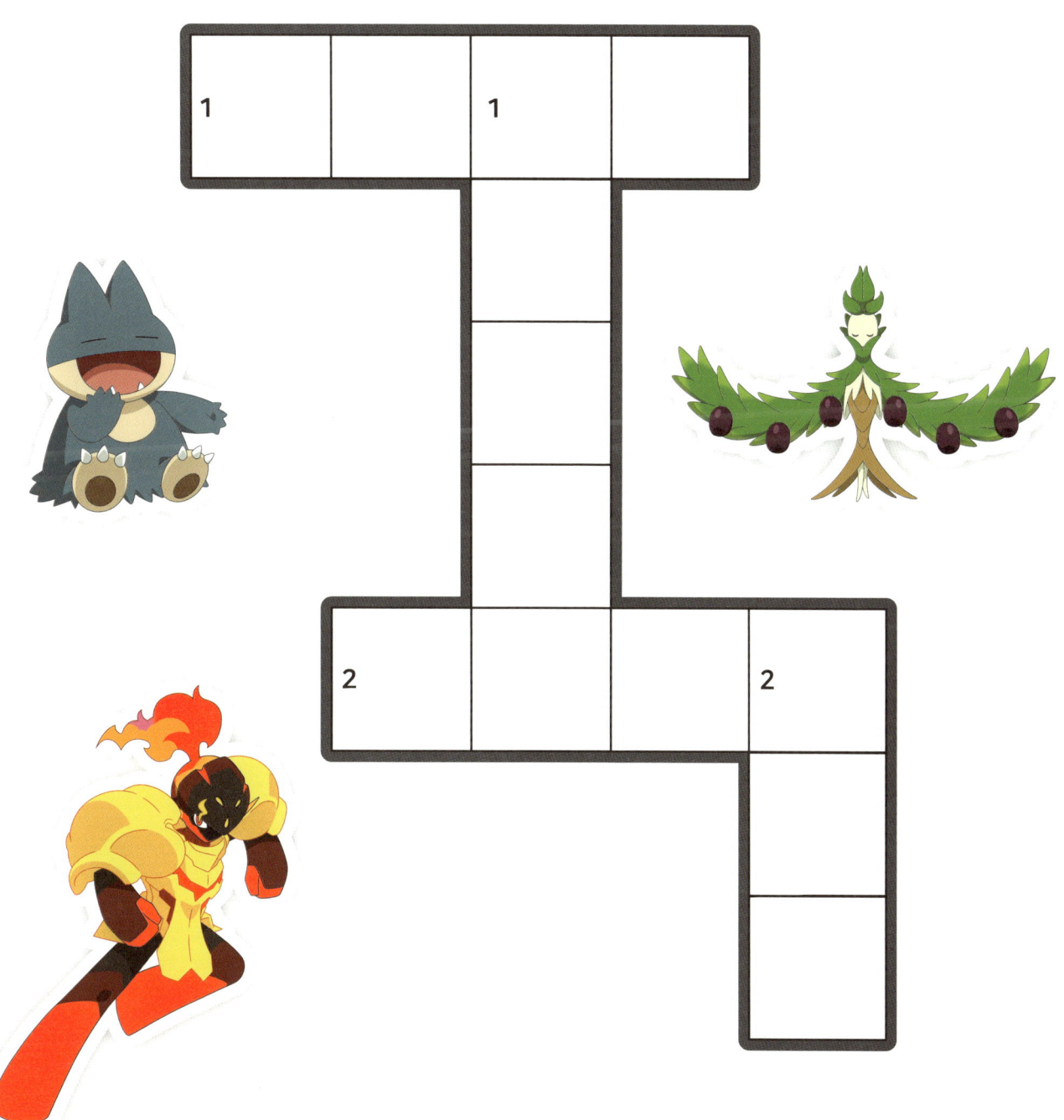

낱말 잇기

주제: 영어 낱말

레인 •	• 후프
바이 •	• 러스
토네 •	• 보우
훌라 •	• 이도
코미 •	• 디언

시작 시각:　　시　　분　끝낸 시각:　　시　　분

주제에 맞춰 뒤에 올 글자로 알맞은 것을 찾아 선으로 이어 보세요.

주제: 수도 이름

카트 • • 말라

과테 • • 베이

쿠웨 • • 리드

마드 • • 이트

타이 • • 만두

낱말 잇기

주제: 사자성어

속전 •	• 초가
난형 •	• 회생
기사 •	• 속결
사면 •	• 동체
일심 •	• 난제

시작 시각:　　시　　분　끝낸 시각:　　시　　분

주제에 맞춰 뒤에 올 글자로 알맞은 것을 찾아 선으로 이어 보세요.

천하 • • 불급

자화 • • 설한

엄동 • • 자찬

과유 • • 가상

설상 • • 제일

끝말잇기

예시

도라지 ⋯▶ 지리산 ⋯▶ 산짐승

사자 ⋯▶ 자○○ ⋯▶ 거짓말

○○쟁○ ⋯▶ ○○○ ⋯▶ 소금

○○ ⋯▶ ○○개 ⋯▶ ○○리

끝말잇기를 하며 빈칸에 들어갈 알맞은 글자를 써 보세요.

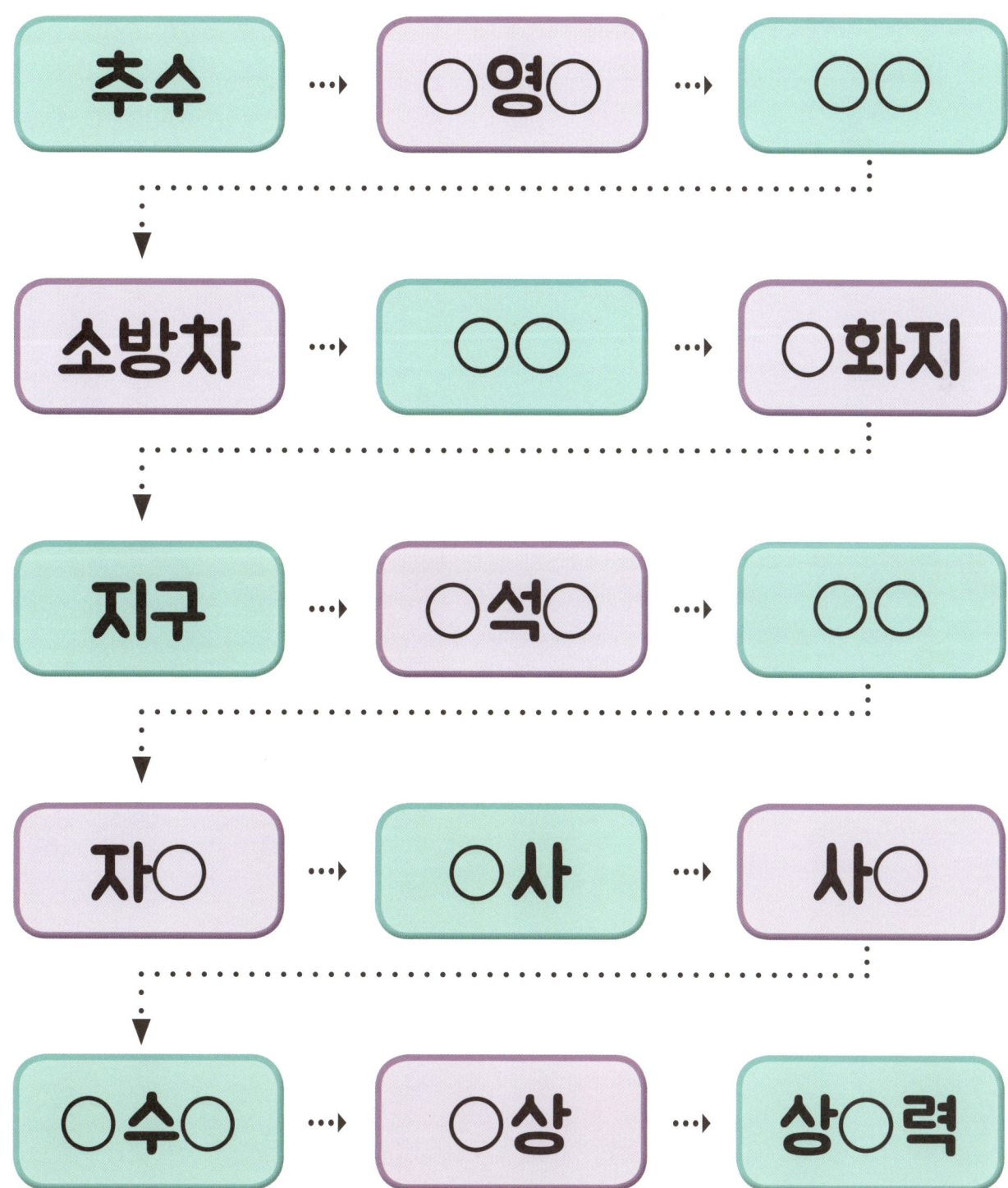

실루엣을 찾아라

스페셜 페이지

에몽가, 이브이, 모르페코, 꼬부기가 실루엣을 잃어버렸어요.
포켓몬들의 실루엣을 찾아 O표 해 보세요.

두뇌

똑똑

고급

낱말

퍼즐

두뇌 똑똑 고급 낱말 퍼즐 1

시작 시각: 시   분   끝낸 시각: 시   분

두뇌 똑똑 재미있는 고급 낱말 퍼즐을 맞혀 보세요.

▶ 가로 열쇠 ◀

1. 여러 사람이 가면을 쓰고 춤을 추는 모임.

2. 여름에 여러 날 계속해서 비가 내리는 현상.

3. 어떤 무리에서 전체를 이끌어 가는 사람을 영어로 표현하는 말.

4. 시간대별로 할 일을 적어 놓은 표.

▶ 세로 열쇠 ◀

1. 가마솥을 달굴 때처럼 뜨거운 기운이 있는 날씨를 비유하는 말.

2. 몹시 무서운 느낌을 표현하는 말.
   비 오싹오싹

3. 같은 무리끼리 모여 이루는 집단.

두뇌 똑똑 고급 낱말 퍼즐 2

두뇌 똑똑 재미있는 고급 낱말 퍼즐을 맞혀 보세요.

시작 시각: 시   분   끝낸 시각: 시   분

▶ 가로 열쇠 ◀

1. 고사리를 데쳐서 물에 불린 다음 양념해서 볶은 나물.

2. 손바닥의 반대편.

3. 밥에 곁들여 먹는 음식.

4. 겨우내 먹기 위해 김치를 한꺼번에 많이 담그는 일.

▶ 세로 열쇠 ◀

1. 소금에 절인 고등어를 토막 쳐서 굽거나 쪄 만든 반찬.

2. 무를 얇고 네모지게 썰어 고추, 파, 마늘, 미나리 등을 넣고 국물을 부어 담그는 김치.

3. 그릇을 넣어 두는 장.

시작 시각: 시   분 끝낸 시각: 시   분

두뇌 똑똑 고급 낱말 퍼즐 3

두뇌 똑똑 재미있는 고급 낱말 퍼즐을 맞혀 보세요.

▶ 가로 열쇠 ◀

1. 물고기 가슴에 붙은 지느러미.

2. 손과 간단한 도구를 써서 물건을 만드는 공업.

3. 직장 같은 곳에서 맡아서 하는 일.

▶ 세로 열쇠 ◀

1. 여럿이 층이 나지 않고 고르게.

2. 수컷 사슴.

3. 낙엽 활엽 교목으로 우리나라 대부분의 지역에서 볼 수 있다. 높이는 20~30미터이며 집이나 가구 등을 만드는 데 쓰인다.

4. 문이나 창문을 옆으로 밀어서 열고 닫는 방식.

두뇌 똑똑 고급 낱말 퍼즐 4

두뇌 똑똑 재미있는 고급 낱말 퍼즐을 맞혀 보세요.

▶ 가로 열쇠 ◀

1. 물건이 이쪽저쪽으로 자꾸 갸울어지며 흔들리는 모양.
   예 고개를 ○○○○○○ 기울인다.

2. 잘 울리는 바닥에 무엇이 몹시 요란하게 떨어지거나 부딪칠 때 나는 소리.

3. 눈빛이나 정신이 멍청하고 생기가 없는 모양.
   예 하루 종일 ○○○○ 가만히 있었다.

▶ 세로 열쇠 ◀

1. 고개나 몸 따위를 이쪽저쪽으로 조금씩 갸울이는 모양.
   예 고개를 ○○○○ 움직였어요.

2. 바로 서 있는 상태에서 몸을 오른쪽으로 90도 틀어 돌아서는 동작.

3. 크고 묵직한 물건이나 몸이 중심을 잃고 이리저리 흔들리는 모양.

두뇌 똑똑 고급 낱말 퍼즐 5

시작 시각: 시   분   끝낸 시각: 시   분

두뇌 똑똑 재미있는 고급 낱말 퍼즐을 맞혀 보세요.

▶ 가로 열쇠 ◀

1. 1392~1910년까지 한반도를 다스리던 왕조를 이르는 말.

2. 손자의 아들 또는 아들의 손자를 이르는 말.

3. 할아버지의 할머니를 이르는 말.

▶ 세로 열쇠 ◀

1. 지배 받는 나라가 지배하는 나라에 때마다 예물을 바치던 일.

2. 아버지의 할머니를 부르는 말.

3. 아버지의 여동생이나 누나를 부르는 말.

시작 시각: 시   분   끝낸 시각: 시   분

집중력 쑥쑥 낱말 찾기

가족과 관련된 낱말 5개를 찾아 O표 해 보세요.

소	방	관	경	기	큰
대	고	모	찰	사	아
장	캄	초	손	님	버
조	카	대	녀	너	지
준	센	장	사	기	꾼
활	터	이	모	보	당

어휘력 팁

가족이나 친척을 부를 때 이름 대신 부르는 말이 있어요. 아버지의 형은 큰아버지, 아버지의 남동생은 작은아버지라고 해요. 또 어머니의 여자 형제는 이모라고 부르고 이모의 남편은 이모부라고 해요. 형제자매의 자식은 조카라고 하는데 이모한테 나는 조카예요.

두뇌 똑똑 고급 낱말 퍼즐 6

두뇌 똑똑 재미있는 고급 낱말 퍼즐을 맞혀 보세요.

시작 시각: 시   분   끝낸 시각: 시   분

▶ 가로 열쇠 ◀

1. 나들이할 때 입는 옷.

2. 비를 막기 위해 쓰는 우산, 비옷, 삿갓 등을 통틀어 이르는 말.

3. 이기적이고 인색한 사람.

4. 손가락에 장식으로 끼는 고리.

▶ 세로 열쇠 ◀

1. 나비 모양으로 생긴 넥타이.

2. 저고리나 두루마기의 깃 끝과 그 맞은편에 달아 옷깃을 여밀 수 있도록 한 긴 헝겊 끈.

3. 어떠한 일을 이루고자 하는 마음.

두뇌 똑똑 고급 낱말 퍼즐 7

시작 시각: 시   분   끝낸 시각: 시   분

두뇌 똑똑 재미있는 고급 낱말 퍼즐을 맞혀 보세요.

▶ 가로 열쇠 ◀

1. 소식이나 연락이 전혀 없는 상태.
   비 깜깜무소식.

2. 입에서 나오는 더운 김.

3. 열닷새 동안을 이르는 말.

▶ 세로 열쇠 ◀

1. 감자를 썰어서 기름에 튀긴 음식.

2. 동작이 매우 느리고, 주로 나무에 매달려 나뭇잎이나 열매를 먹는 동물.

3. 기쁜 소식.

두뇌 똑똑 고급 낱말 퍼즐 8

시작 시각: 시   분   끝낸 시각: 시   분

두뇌 똑똑 재미있는 고급 낱말 퍼즐을 맞혀 보세요.

▶ 가로 열쇠 ◀

1. 우리 한민족이 세운 나라를 이르는 말.

2. 친가와 외가를 모두 이르는 말.

3. 감정의 움직임이 빨라서 쉽게 흥분하고 성급하며 인내력이 부족한 기질.

▶ 세로 열쇠 ◀

1. 물건이 수북하게 쏟아지는 모양. 또는 바람에 나뭇잎이 떨어지는 소리.

2. 나라에 관한 일. 또는 나라의 정치에 관한 일.

3. 마음이 아플 만큼 불쌍하고 딱하다.

4. 겉으로만 착한 체하는 사람.

시작 시각:　　시　　분　　끝낸 시각:　　시　　분

두뇌 똑똑 고급 낱말 퍼즐 9

두뇌 똑똑 재미있는 고급 낱말 퍼즐을 맞혀 보세요.

▶ 가로 열쇠 ◀

1. 낮은 곳에서 높은 곳으로 이어지는 비탈진 길.

2. 산과 산 사이에 움푹 들어간 곳.

3. 시냇물이 흐르는 골짜기.

4. 이루고 싶은 꿈이나 계획을 이르는 말.
   예 반에서 1등이 되는 것을 OO로 삼았다.

▶ 세로 열쇠 ◀

1. 조그만 상자 속에서 쇠막대기 바늘이 음계판을 건드려 음악이 흘러나오는 악기.

2. 상식적으로 일어날 수 없는 일이 일어나는 것.

3. 동네 안을 통하는 좁은 길.

두뇌 똑똑 고급 낱말 퍼즐 10

시작 시각:　시　분　끝낸 시각:　시　분

두뇌 똑똑 재미있는 고급 낱말 퍼즐을 맞혀 보세요.

▶ 가로 열쇠 ◀

1. 물병에서 물을 따르는 모양을 하고 있는 별자리.

2. 노랗게 익으면 달고 부드러운 열대 과일.

3. 별의 위치를 정하기 위해 밝은 별을 중심으로 동물이나 신화 속 인물 이름을 붙여 만든 별의 위치.

4. 음악의 곡조를 기호로 표시한 책이나 종이.

▶ 세로 열쇠 ◀

1. 두 마리 물고기가 끈으로 묶여 있는 모습을 하고 있는 별자리.

2. 글로 써서 책을 지어 낸 사람.
   비 글쓴이

3. 리듬에 대한 능력을 기르기 위한 악기로 캐스터네츠, 탬버린, 트라이앵글 등이 있다.

시작 시각:　　시　　분　　끝낸 시각:　　시　　분

집중력 쑥쑥 낱말 찾기

악기와 관련된 낱말 5개를 찾아 O표 해 보세요.

장	사	바	이	올	린
구	피	노	키	오	이
절	아	래	미	징	소
판	노	방	가	야	금
소	돼	지	방	구	은
리	시	심	벌	즈	스

 어휘력 팁

악기의 종류는 크게 입으로 불어서 연주하는 악기인 관악기(예: 트럼펫)와, 현을 켜거나 타서 소리를 내는 악기인 현악기(예: 거문고), 두드려서 소리를 내는 악기인 타악기(예: 북), 건반을 가진 악기인 건반 악기(예: 피아노)로 나눌 수 있어요.

두뇌 똑똑 고급 낱말 퍼즐 11

두뇌 똑똑 재미있는 고급 낱말 퍼즐을 맞혀 보세요.

▶ 가로 열쇠 ◀

1. 말 한 마디 한 마디마다. 또는 모든 구절.

2. 작은 바늘에 미끼를 꿰어 물고기를 잡는 것.

3. 불이 나거나 위험할 때 대피할 수 있도록 마련한 문.

4. 몹시 험하고 깊은 구렁. 또는 빠지면 헤어나기 힘든 것을 빗대는 말.

▶ 세로 열쇠 ◀

1. 못마땅해서 군소리를 자꾸 하는 모양.

2. 한쪽 다리가 짧거나 다쳐서 걷거나 뛸 때 몸이 가볍게 기우는 모양.

시작 시각: 시   분   끝낸 시각: 시   분

두뇌 똑똑 고급 낱말 퍼즐 12

두뇌 똑똑 재미있는 고급 낱말 퍼즐을 맞혀 보세요.

▶ 가로 열쇠 ◀

1. 짙고 옅은 여러 가지 빛깔이 한데 섞인 모양.
   예 단풍이 ○○○○ 물들었어요.

2. 몸은 실 모양이고, 홀씨는 공 모양이며 푸르거나 회색인 곰팡이. 이 곰팡이에서 얻은 페니실린으로 최초의 항생제가 탄생했다.

▶ 세로 열쇠 ◀

1. 경상북도 울릉군에 있는 화산섬으로 오징어와 호박엿이 유명한 섬.

2. 가을 하늘이나 깊은 바다처럼 맑고 선명한 색.

3. 여러모로 깊이 생각하는 모양.

4. 모자람이 없이 온전하게.

낱말 잇기

주제: 세계의 유적

마추 • • 마할

피라 • • 세움

콜로 • • 픽추

만리 • • 미드

타지 • • 장성

주제에 맞춰 뒤에 올 글자로 알맞은 것을 찾아 선으로 이어 보세요.

주제: 동물 이름

아나	아리
나무	늘기
백상	아나
이구	늘보
개미	콘다

시작 시각: 시   분   끝낸 시각: 시   분

두뇌 똑똑 고급 낱말 퍼즐 13

두뇌 똑똑 재미있는 고급 낱말 퍼즐을 맞혀 보세요.

▶ 가로 열쇠 ◀

1. 앞가슴에 반달 모양 흰무늬가 있는 곰. 우리나라 천연기념물이다.

2. 여러 동물을 볼 수 있도록 갖추어 놓은 곳.

3. 털실로 짠 모자.

4. 사람이나 사물의 소리를 흉내 낸 말. 멍멍, 우당탕, 아삭아삭 등이 있다.

▶ 세로 열쇠 ◀

1. 일과 물건을 아울러 이르는 말.
   비 물건

2. 모험을 좋아하거나 전문적으로 하는 사람.

3. 먹장어나 갯장어를 사람들이 편하게 부르는 말.

시작 시각: 시   분 끝낸 시각: 시   분

두뇌 똑똑 고급 낱말 퍼즐 14

두뇌 똑똑 재미있는 고급 낱말 퍼즐을 맞혀 보세요.

▶ 가로 열쇠 ◀

1. 비단에 수를 놓은 것처럼 아름다운 산천을 뜻하는 사자성어.

2. 사람이나 동물의 형상을 만든 기념물.

3. 수준이 서로 차이 나지 않게 됨.

4. 동식물의 흔적 위로 흙이 쌓여 오랫동안 보존되어 있는 돌.

▶ 세로 열쇠 ◀

1. 비단 위에 꽃을 더한다는 뜻으로 좋은 일에 좋은 일이 더할 때 쓰는 사자성어.

2. 나쁜 돌도 자신의 산에 있는 옥돌을 가는 데 쓸 수 있다는 뜻으로, 다른 사람의 하찮은 행동도 자신의 지혜와 덕을 갈고 닦는 데 도움이 될 수 있음을 비유적으로 이르는 사자성어.

3. 세상 사람들의 비평.
예 그는 ○○이 나쁘다.

시작 시각:　시　분　끝낸 시각:　시　분

두뇌 똑똑 고급 낱말 퍼즐 15

두뇌 똑똑 재미있는 고급 낱말 퍼즐을 맞혀 보세요.

▶ 가로 열쇠 ◀

1. 나이가 적은 아이.

2. 매우 귀한 사람이나 물건을 빗대는 말.

3. 올 사람을 기다리기 위해 길에 나가 있는 일.

4. 일정한 지역에 사는 사람의 수.

▶ 세로 열쇠 ◀

1. 여러 방면에서 모여든 탐탁치 못한 사람들을 통틀어 낮잡아 이르는 말.

2. 자기 논에 물 대기라는 뜻으로, 자기에게만 이롭게 되도록 생각하거나 행동함을 이르는 말.

3. 학교에서 학생들이 입도록 정한 옷.

두뇌 똑똑 고급 낱말 퍼즐 16

두뇌 똑똑 재미있는 고급 낱말 퍼즐을 맞혀 보세요.

▶ 가로 열쇠 ◀

1. 병을 앓고 있는 노인이나 혼자 생활하기 힘든 노인을 전문적으로 돌보는 사람.

2. 법원의 법관. 사건을 판결하는 일을 한다.

3. 교도소에 수용된 사람을 관리하는 사람.

4. 가수, 배우, 무용가 등 연예계에서 일하는 사람.

▶ 세로 열쇠 ◀

1. 요리를 전문으로 하는 사람.

2. 학교에서 학생들의 건강과 위생 등 보건 관리를 하는 교사.

3. 자격을 갖추어 병을 고치는 사람.

시작 시각:　시　분　끝낸 시각:　시　분

두뇌 똑똑 고급 낱말 퍼즐 17

두뇌 똑똑 재미있는 고급 낱말 퍼즐을 맞혀 보세요.

▶ 가로 열쇠 ◀

1. 제주도 가운데 있는 산. 우리나라에서 가장 높은 산이기도 하다.

2. 정월 대보름날 달이 떠오를 때 달집에 불을 지르며 노는 풍속.

3. 들에 피는 꽃.

4. 아침, 점심, 저녁 등 정해진 시간에 먹는 밥.

▶ 세로 열쇠 ◀

1. 비가 내려서 산에 있던 흙이 갑자기 무너져 내리는 일.

2. 여름밤에 피었다가 아침에 시드는 꽃. 달을 기다린다는 뜻을 지닌 꽃.

3. 넋이 나간 것처럼 가만히 있는 모양.

시작 시각: 시   분   끝낸 시각: 시   분

집중력 쑥쑥 낱말 찾기

민속놀이와 관련된 낱말 5개를 찾아 O표 해 보세요.

딱	지	치	기	러	기
따	당	마	싸	율	윷
비	석	치	기	롤	놀
리	동	다	둥	게	이
널	뛰	기	차	임	잡
기	차	전	놀	이	기

 어휘력 팁

민속놀이는 예부터 전해 내려오는 여러 가지 놀이예요. 4개의 윷을 던지고 그 결과에 따라 말을 이동시켜 승부를 겨루는 윷놀이와 일정한 거리에서 작은 돌을 발로 차거나 던져서 상대의 비석을 쓰러뜨리는 놀이인 비석치기, 제기를 차고 노는 제기차기 등이 있어요.

시작 시각: 시   분   끝낸 시각: 시   분

두뇌 똑똑 고급 낱말 퍼즐 18

두뇌 똑똑 재미있는 고급 낱말 퍼즐을 맞혀 보세요.

▶ 가로 열쇠 ◀

1. 지구 공기를 오염시켜 지구가 더워지도록 만드는 가스를 통틀어 이르는 말.

2. 석탄, 석유, 천연가스 등을 태워 전기를 만드는 발전소.

3. 바닷물이 얼어서 생긴 얼음.

▶ 세로 열쇠 ◀

1. 지구 기온이 높아지는 현상.

2. 물건값으로 치르는 돈. 또는 노력이나 희생을 통해 얻는 결과.

3. 전자의 움직임으로 에너지를 만드는 것. 전자 제품을 쓸 때 필요하다.

4. 수백 수천 년 동안 쌓인 눈이 얼음덩어리로 변한 것.

시작 시각: 시   분   끝낸 시각: 시   분

두뇌 똑똑 고급 낱말 퍼즐 19

두뇌 똑똑 재미있는 고급 낱말 퍼즐을 맞혀 보세요.

▶ 가로 열쇠 ◀

1. 문장 부호 가운데 하나로 다른 사람의 말을 대신 쓰거나 속마음을 말할 때 쓴다.

2. 해마다 돌아오는 제삿날.

3. 인생은 변화가 많아서 예측하기 어렵다는 뜻의 사자성어.

▶ 세로 열쇠 ◀

1. 단단히 먹은 마음이 사흘을 가지 못한다는 뜻으로 결심이 오래 가지 않음을 이르는 말.

2. 재미가 없어 지루하고 답답하다.

3. 문장 부호 가운데 하나로 문장이 끝날 때 쓴다.

스페셜 페이지 › 낱말 미로 찾기

출발

일거□□ → 양득
　　　　→ 이득

힌트: '한 가지 일을 하여 두 가지 이익을 얻음'을 뜻하는 사자성어예요.

출발 지점으로 돌아가세요.

죽마□□ → 지세
　　　　→ 고우

힌트: '어려서부터 함께 놀며 자란 친구'를 뜻하는 사자성어예요.

출발 지점으로 돌아가세요.　　출발 지점으로 돌아가세요.

빈칸에 들어갈 알맞은 말을 찾아 미로를 탈출해 보세요.

정답

6쪽
7쪽
8쪽
9쪽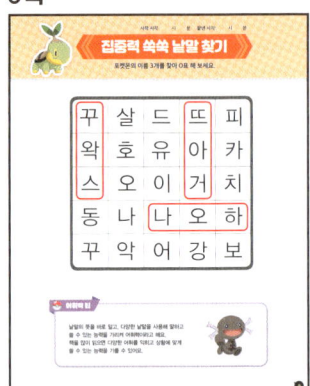

10쪽
11쪽
12쪽
13쪽

14쪽
15쪽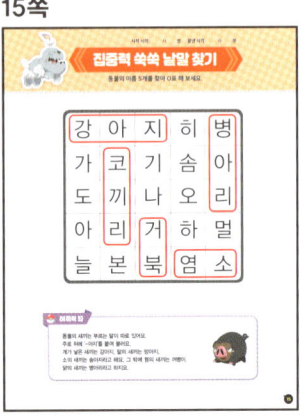
16쪽
17쪽

18쪽

19쪽

20쪽

21쪽
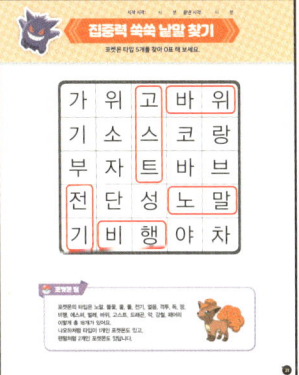

22쪽

23쪽

24쪽

25쪽

26쪽

27쪽

28쪽

정답

29쪽

30쪽
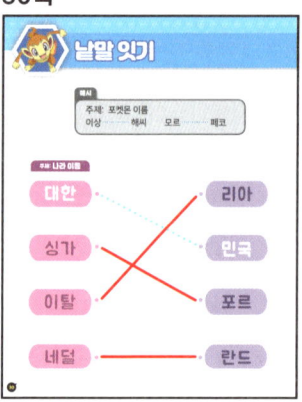

31쪽

32쪽

34쪽
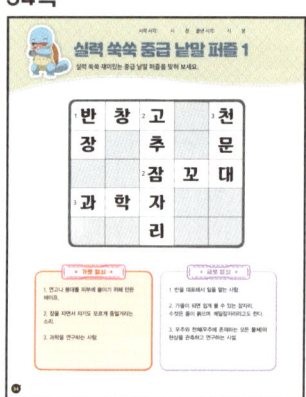

35쪽

36쪽

37쪽

38쪽

39쪽

40쪽

41쪽

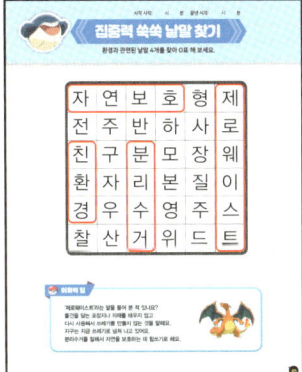

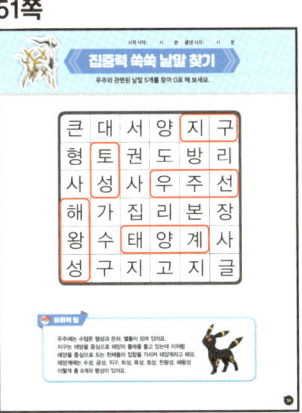

정답

54쪽

55쪽

56쪽
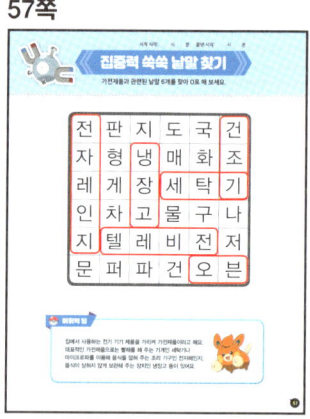

57쪽

58쪽

59쪽
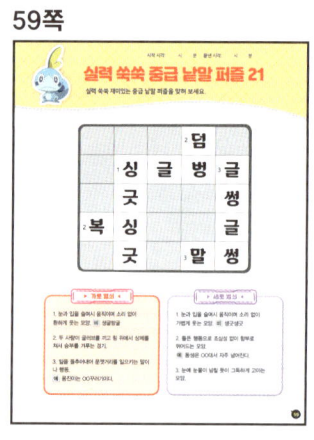

60쪽

61쪽

63쪽
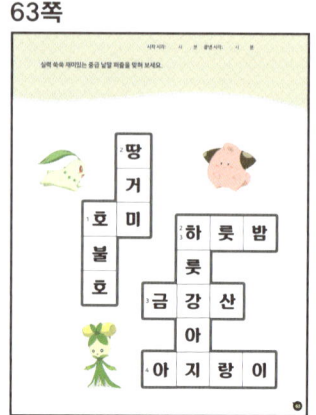

64쪽

65쪽

66쪽

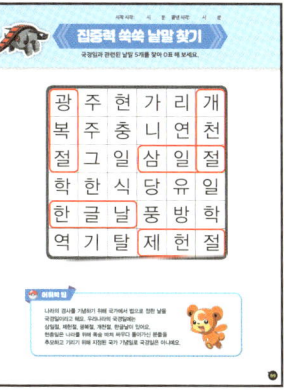

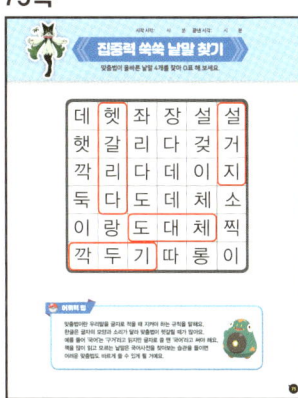
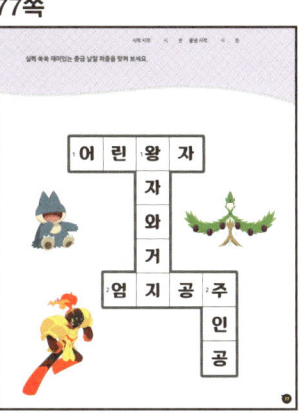

정답

79쪽
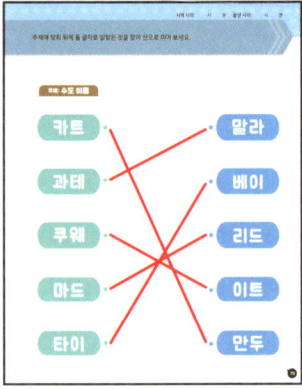

80쪽
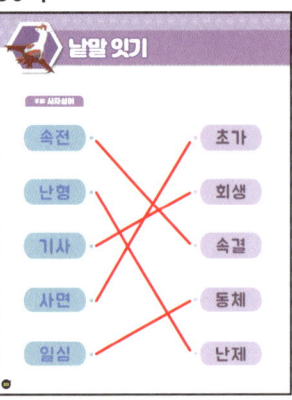

81쪽

82쪽

83쪽

84쪽

86쪽

87쪽

88쪽

89쪽

90쪽
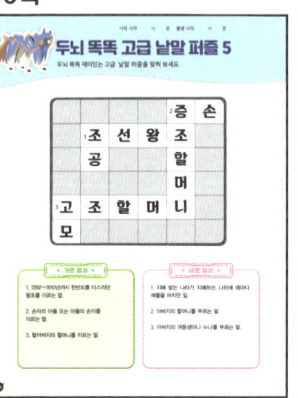

91쪽
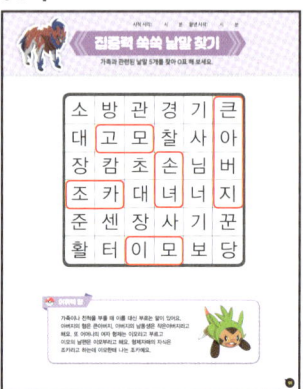

92쪽

93쪽

94쪽

95쪽

96쪽

97쪽

98쪽

99쪽

100쪽
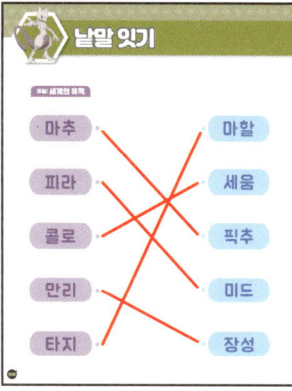

101쪽

102쪽

정답

103쪽

104쪽

105쪽

106쪽

107쪽
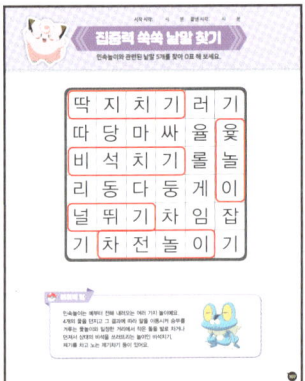

108쪽

109쪽

110쪽~111쪽
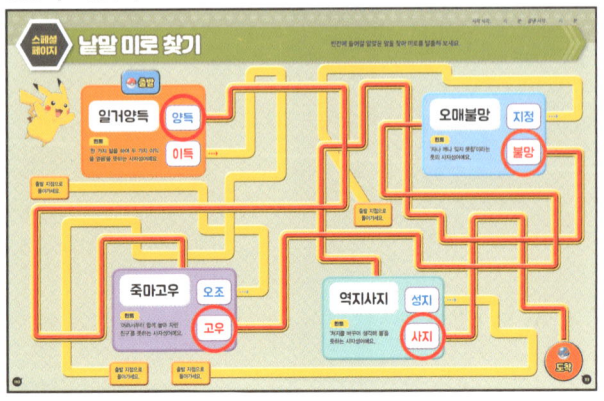